Walk Like a King:
100 Virtues of a True Gentleman

Camina como un rey:
100 virtudes de un verdadero caballero

Walk Like a King: 100 Virtues of a True Gentleman

Camina como un rey: 100 virtudes de un verdadero caballero

Cassaundra Mulligan, Editor/Magaly Torres
(Editorial Bilingüe)

Cover and interior arrangements by –
Kathrine Rend – Rend Graphics
www.rendgraphics.com

Portada y arreglos interiores por -
Kathrine Rend - Rend Graphics
www.rendgraphics.com

Printed in the United States of America.
Impreso en los Estados Unidos de América.

ISBN-13: 978-0-9801052-8-5

Poetic Expressions by Terri
Expresiones poéticas por Terri
Terri L. McCrea, M.Ed., LPC, LPC/S
1643 B Savannah Highway, #113 Charleston, SC 29407
Mobile (843) 437-7572/Fax (843) 763-7202
poeticexpressions@att.net

Walk Like a King:
100 Virtues of a True Gentleman

Camina como un rey:
100 virtudes de un verdadero caballero

by / por

Terri L. McCrea, M.Ed., LPC, LPC/S

Dedication

This instrumental guide is dedicated to my father, Franklin D. Roosevelt McCrea, Sr. Until his passing, he was a loyal, faithful, loving and supportive husband, brother, father figure, life partner to my mother, grandfather, caregiver, principal, school board member and church and civic leader. His tenderness during mom's darkest hours was admired and a model of unconditional love and devotion. My dad passed on Feb 11, 2012 after living a good life and fighting a good fight.

Dad, you are my hero. Your role modeling of a true gentleman implanted knowledge in me to pass onto men who strive to walk like a king.

Dedicación

Esta guía instrumental está dedicada a mi padre, Franklin D. Roosevelt McCrea, Sr. Hasta su fallecimiento, fue un esposo, hermano, figura paterna, compañero de vida leal, fiel, cariñoso y comprensivo de mi madre, abuelo, cuidador, director, miembro de la junta escolar y líder eclesiástico y cívico. Su ternura durante las horas más oscuras de mamá fue admirada y un modelo de amor y devoción incondicional. Mi padre falleció el 11 de febrero de 2012 después de vivir una buena vida y pelear una buena pelea.

Papá, eres mi héroe. Su modelo a seguir de un verdadero caballero implantó en mí conocimientos para transmitirlos a los hombres que se esfuerzan por caminar como un rey.

Introduction

The virtues in this guide were written to teach teen boys, young men and men how to be a great leader and a true gentleman.

Men, when you embrace the book's virtues, the world will be flooded with chivalrous, disciplined and respectful souls as God intended for men when he first created Adam.

Women, only date or marry gentlemen who embrace, embody and walk in the book's virtues in order to find a prince, a true love and a soulmate.

The nightly news is filled with tragic statistics of boys and men who succumbed to society's subliminal traps.

Guys, convey to the world a king that emits valiance, courage, chivalry, empathy and honor.

Introducción

Las virtudes de esta guía fueron escritas para enseñar a los adolescentes, hombres jóvenes y hombres cómo ser un gran líder y un verdadero caballero.

Hombres, cuando abrazan las virtudes del libro, el mundo se inundará de almas caballerescas, disciplinadas y respetuosas como Dios quiso para los hombres cuando creó a Adán por primera vez.

Las mujeres solo salen o se casan con caballeros que abrazan, personifican y caminan en las virtudes del libro para encontrar un príncipe, un amor verdadero y un alma gemela.

Las noticias nocturnas están llenas de estadísticas trágicas de niños y hombres que sucumbieron a las trampas subliminales de la sociedad.

Chicos, transmitan al mundo un rey que emite valentía, coraje, caballerosidad, empatía y honor.

Walk Like a King:
100 Virtues of a True Gentleman

Camina como un rey:
100 virtudes de un verdadero caballero

Gentlemen
walk in peace.

Los caballeros caminan en paz.

*Gentlemen
are mannerable.*

*Los caballeros
tienen modales.*

*Gentlemen
ask for
directions.*

*Los caballeros
piden
direcciones.*

Gentlemen do yoga.

Los caballeros hacen yoga.

Gentlemen
are good friends.

Los caballeros
son buenos amigos.

*Gentlemen
are
faithful.*

*Los caballeros
son
fieles.*

*Gentlemen
remember
important
dates and never stop dating their partner/spouse.*

*Los caballeros
recuerdan las fechas
importantes y nunca dejan de
salir con su pareja/cónyuge.*

Gentlemen follow their dreams.

Los caballeros siguen sus sueños.

Gentlemen
say,
"Good morning, Good day and Good night."

Los caballeros
dicen
"buenos días,
buenas tardes,
y buenas noches."

*Gentlemen
know true love.*

*Los caballeros
conocen el amor verdadero.*

Gentlemen
are
just kids at heart.

Los caballeros
son
solo niños de corazón.

Gentlemen
pray.

Los caballeros
rezan.

Gentlemen
never
give up.

Los caballeros
nunca se rinden.

*Gentlemen
walk
with
purpose.*

*Los caballeros
caminan
con
propósito.*

Gentlemen
know communication is key.

Los caballeros
saben que la comunicación es clave.

Gentlemen
strive
to be better
than yesterday.

Los caballeros se esfuerzan
por ser mejores
que ayer.

*Gentlemen
speak
with warm
and
soothing tones.*

*Los caballeros
hablan
con tonos cálidos y relajantes.*

*Gentlemen
seek solutions.*

*Los caballeros
buscan soluciones.*

*Gentlemen
save for
rainy days.*

*Caballeros
ahorran para los
días de lluvia.*

Gentlemen
are
focused.

Los caballeros
son
enfocados.

Gentlemen
are
dignified.

Los caballeros
son
dignos.

*Gentlemen
wear
seatbelts,
helmets
and life vests.*

*Los caballeros
usan
cinturones de seguridad,
cascos
y chalecos salvavidas.*

Gentlemen
are all in.

Los caballeros
están de acuerdo.

Gentlemen
are
intellectually stimulating,
appealing and interesting.

Los caballeros
son intelectualmente estimulantes,
atractivos e interesantes.

*Gentlemen
take care
of their bodies.*

*Los caballeros
cuidan sus cuerpos.*

Gentlemen
abide by the laws of the land.

Los caballeros
acatan las leyes del país.

*Gentlemen
don't engage in road rage.*

*Los caballeros
no se enfadan en la carretera.*

Gentlemen
are humble.

Los caballeros
son humildes.

Gentlemen
are emotionally available.

Los caballeros
están emocionalmente disponibles.

Gentlemen
place
family
first.

Los caballeros
colocan a la
familia
primero.

*Gentlemen
accept
responsibility
for their actions.*

*Los caballeros
aceptan la
responsabilidad
de sus actos.*

Gentlemen
attend
counseling.

Los caballeros
asisten a
terapia.

Gentlemen
are
supportive.

Los caballeros
son
solidarios.

Gentlemen compliment.

Los caballeros dan alagos.

*Gentlemen
are
open to
constructive criticism.*

*Los caballeros
están
abiertos a la crítica constructiva.*

Gentlemen
walk
the
talk.

Los caballeros
hacen lo que dicen.

Gentlemen
have
refined
palates.

Los caballeros
tienen paladares
refinados.

Gentlemen
are
intuitive, reflective
and introspective.

Los caballeros
son
intuitivos, reflexivos
e introspectivos.

Gentlemen
have
a good sense
of humor.

Los caballeros
tienen
buen sentido
del humor.

Gentlemen
can
agree
to
disagree.

Los caballeros pueden estar de
acuerdo en no estar de acuerdo.

*Gentlemen
are
spontaneous.*

*Los caballeros
son
espontáneos.*

Gentlemen
avoid life's traps.

Los caballeros
evitan las trampas de la vida.

*Gentlemen
are
good providers.*

*Los caballeros
son
buenos proveedores.*

Gentlemen
are
team players.

Los caballeros
son
jugadores de equipo.

*Gentlemen
are
transparent.*

*Los caballeros
son
transparentes.*

Gentlemen
know
how to
nurture
and
feed souls.

Los caballeros
saben
cómo
nutrir y
alimentar las almas.

*Gentlemen
never
forget
their
roots.*

*Los caballeros
nunca
olvidan
sus
raíces.*

*Gentlemen
know
their
strengths,
as well as
their
weaknesses.*

*Los caballeros
conocen sus
fortalezas, así como
sus debilidades.*

Gentlemen
are
honorable.

Los caballeros
son
honorables.

Gentlemen
are empathetic.

Los caballeros
son empáticos.

Gentlemen
solve problems
with diplomacy
and
resolve conflict with grace.

Los caballeros
resuelven los problemas
con la diplomacia y resuelven conflictos con gracia.

*Gentlemen
cook.*

*Los caballeros
cocinan.*

*Gentlemen
are romantic.*

*Los caballeros
son románticos.*

Gentlemen
are good
role models.

Los caballeros
buenos modelos a seguir.

Gentlemen
aren't afraid
to show
their soft side.

Los caballeros
no tienen miedo
de mostrar
su lado tierno.

Gentlemen
are memorable.

Los caballeros son memorables.

*Gentlemen
are
kind.*

*Los caballeros
son
amables.*

Gentlemen
put the
toilet seat down.

Los caballeros
bajan el asiento del inodoro.

Gentlemen
keep
their word and
promises.

Los caballeros
cumplen
su palabra y sus
promesas.

Gentlemen
generously give
their money, their talents and their time.

Los caballeros
dan generosamente s
u dinero, su talento y su tiempo.

*Gentlemen
are
understanding.*

*Los caballeros
son
comprensivos.*

*Gentlemen
are chivalrous.*

*Los caballeros
son caballerosos.*

Gentlemen
are
respectful and respected.

Los caballeros
son respetuosos y respetados.

*Gentlemen
are
dedicated
and devoted.*

*Los caballeros
son
dedicados
y devotos.*

*Gentlemen
are
open about
their fears.*

*Los caballeros
están
abiertos a
sus temores.*

Gentlemen
are
organized and tidy.

Los caballeros
son
organizados y ordenados.

Gentlemen
arrive
ahead of time.

Los caballeros
llegan
antes de tiempo.

Gentlemen
are great motivators.

Los caballeros
son grandes motivadores.

*Gentlemen
are
Master's
of their craft.*

*Los caballeros
son
maestros
de su oficio.*

Gentlemen
are
affectionate
and loving.

Los caballeros
son
cariñosos
y amorosos.

*Gentlemen
are
dapper.*

*Los caballeros
son
apuestos.*

Gentlemen
are
gentle souls.

Los caballeros
son
almas gentiles.

Gentlemen
are endearing.

Los caballeros
son entrañables.

Gentlemen
are
reliably dependable.

Los caballeros
son
confiables de manera fidedigna.

Gentlemen
are
handymen.

Los caballeros
son
milusos.

*Gentlemen
know when
to walk away
from trouble.*

*Los caballeros
saben cuándo
alejarse de
los problemas.*

Gentlemen
believe in
happily
ever after(s).

Los caballeros
creen en
felices para siempre.

Gentlemen
are
wise.

Los caballeros
son
sabios.

*Gentlemen
are
always prepared.*

*Los caballeros
están
siempre preparados.*

Gentlemen
are
pillars
in the
community.

Los caballeros
son
pilares
en la
comunidad.

Gentlemen
don't do drugs
or drink and drive.

Los caballeros
no consumen drogas
ni beben y conducen.

Gentlemen
practice
political
correctness.

Los caballeros
practican la corrección política.

Gentlemen
are
present dads.

Los caballeros
son padres presentes.

Gentlemen
cry.

Los caballeros
lloran.

*Gentlemen
get up
and soar after hitting
rock bottom.*

*Los caballeros
se levantan y se elevan después de tocar fondo.*

*Gentlemen
are open
about their
true feelings.*

*Los caballeros
son francos
sobre sus
verdaderos sentimientos.*

Gentlemen
are
patient.

Los caballeros
son
pacientes.

*Gentlemen
are sweet.*

*Los caballeros
son dulces.*

*Gentlemen
are genuinely earnest.*

*Los caballeros
son sinceramente serios.*

Gentlemen
write love notes.

Los caballeros
son
escriben notas de amor.

*Gentlemen
apologize.*

*Los caballeros
se disculpan.*

Gentlemen are trustworthy.

Los caballeros son dignos de confianza.

*Gentlemen
have
good hygiene and
grooming skills.*

*Los caballeros
tienen
buena higiene y
habilidades de aseo.*

*Gentlemen
share with
household chores.*

*Los caballeros
comparten
las tareas del hogar.*

*Gentlemen
are
selfless.*

*Los caballeros
son
desinteresados.*

Gentlemen
know that money doesn't make a man.

Los caballeros
saben que el dinero no hace a un hombre.

*Gentlemen
are both
peacekeepers and peacemakers.*

*Los caballeros
son tanto
pacificadores
como pacificadores.*

*Gentlemen
forgive.*

*Los caballeros
perdonan.*

*Gentlemen
are
monogamous.*

*Los caballeros
son
monógamos.*

*Gentlemen
walk
like
kings.*

*Los caballeros
caminan
como
reyes.*

Summary

Gentlemen, take the time to read each page of this valuable guide because you are judged by your actions, your words and your deeds.

Embrace your roles as dream students, sons, fathers, husbands, princes, soldiers, emperors, role models and world leaders.

Show the world that men can be romantic, sensitive, understanding and supportive.

Show the world that true gentlemen walk like kings.

Resumen

Caballeros, tómense el tiempo de leer cada página de esta valiosa guía porque ustedes son sus acciones, sus palabras y sus hechos.

Abarquen sus papeles como estudiantes de ensueño, hijos, padres, maridos, príncipes, soldados, emperadores, modelos a seguir y líderes mundiales.

Demuestren al mundo que los hombres pueden ser románticos, sensibles, comprensivos y solidarios.

Demuestren al mundo que los verdaderos caballeros caminan como reyes.

Author

Terri McCrea is a native of Charleston, South Carolina. She has provided counseling for the past thirty-one years (twenty-three years of that in private practice). She graduated from St. Andrews Parish High School and the College of Charleston before receiving her Master's Degree in Clinical Counseling from The Citadel. She is an Adjunct Professor, a Licensed Addiction Counselor, a Licensed Professional Counselor, a Licensed Professional Counselor Supervisor and served as a Continuing Education provider for the South Carolina Board for Licensed Professional Counselors, Social Workers, Marital and Family Therapists, Psychologists and Psycho-educational Specialists. She conducts local and national workshops on her eighteen books as well as a Life Skills Summer Camp (ages five to eighteen), parenting classes, domestic violence classes and anger management classes. She is the Outreach Coordinator of the Old Bethel United Methodist Church's Community Outreach Program. This platform provides preventative, educational, rehabilitative, counseling, and evangelistic services to the Low Country's at-risk youths, families (including the elderly, poor, imprisoned, homeless, disabled and indigent).

Terri writes mental health articles for local magazines and newspapers. She guest appears for mental health segments on local radio and television networks. She conducts empowerment, intentions and leadership classes. She offers couples retreats. She can be described as a coach, counselor, visionary, poet, free spirit and believer that everyone and everything has a purpose. She is a member of the Poetry Society of South Carolina (PSSC), Old Bethel United Methodist Church Choir, Gamma Xi Omega Chapter of Alpha Kappa Alpha Sorority, Inc., the International African American Museum and is a proud aunt and grand aunt.

Terri is available for book signings, charity events, public/ motivational speaking engagements, workshop facilitation, interviews, and expert appearances (radio, web, television and podcast) and poetry readings. She has self-published five self-help workbooks, four inspirational guides for couples in love, four empowering guides for tots/tweens/teens, a book of mantras and intentions, a book of wedding vows (English/Spanish translation), a how-to-date book and her first collection of poems (2007-2020).

La autora

Terri McCrea es originaria de Charleston, Carolina del Sur. Ella ha brindado asesoramiento durante los últimos treinta y un años (veintitrés años de eso en la práctica privada). Se graduó de St. Andrews Parish High School y del College of Charleston antes de recibir su Maestría en Consejería Clínica de The Citadel. Es profesora adjunta, consejera licenciada en adicciones, consejera profesional licenciada, asesora profesional licenciada y supervisora y se desempeñó como proveedora de educación continua para la Junta de Carolina del Sur para consejeros profesionales licenciados, trabajadores sociales, terapeutas matrimoniales y familiares, psicólogos y psicoactivos. Especialistas en educación. Dirige talleres locales y nacionales sobre sus dieciocho libros, así como un campamento de verano de habilidades para la vida (de cinco a dieciocho años), clases para padres, clases de violencia doméstica y clases de manejo de la ira. Ella es la Coordinadora de Alcance del Programa de Alcance Comunitario de la Iglesia Metodista Unida Old Bethel. Esta plataforma brinda servicios de prevención, educación, rehabilitación, asesoramiento y evangelización a los jóvenes en riesgo y las familias de Low Country (incluidos los ancianos, los pobres, los encarcelados, los sin hogar, los discapacitados y los indigentes).

Terri escribe artículos de salud mental para revistas y periódicos locales. Aparece como invitada para segmentos de salud mental en cadenas de radio y televisión locales. Realiza clases de empoderamiento, intenciones y liderazgo. Ofrece retiros para parejas. Se la puede describir como entrenadora, consejera, visionaria, poeta, de espíritu libre y creyente de que todos y todo tiene un propósito. Es miembro de la Sociedad de Poesía de Carolina del Sur (PSSC), el Coro de la Iglesia Metodista Unida Old Bethel, el Capítulo Gamma Xi Omega de Alpha Kappa Alpha Sorority, Inc., el Museo Internacional Afroamericano y es una orgullosa tía y tía abuela.

Terri está disponible para firmas de libros, eventos de caridad, charlas públicas / motivacionales, facilitación de talleres, entrevistas y apariciones de expertos (radio, web, televisión y podcast) y lecturas de poesía. Ha publicado cinco libros de trabajo de autoayuda, cuatro guías inspiradoras para parejas enamoradas, cuatro guías de empoderamiento para niños pequeños / preadolescentes / adolescentes, un libro de mantras e intenciones, un libro de votos matrimoniales (traducción al inglés / español), un -libro hasta la fecha y su primer poemario (2007-2020).

Terri L. McCrea, M.Ed., LAC, LPC, LPC/S
1643-B Savannah Hwy, Suite 113,
Charleston, SC 29407
(main / principal) 843.437.7572
(facsimile / fax) 843.763.7202
poeticexpressions@att.net

*Visit/ visita: www.btol.com
                  www.Amazon.com
                  www.Alibris.com
                  www.Abebooks.com

Poetic Expressions by Terri Self-Published Books

- *The Power of Forgiveness: A Step by Step Guide on How to Let Go, Move On and Begin Living*

- *A Teacher's Dream: A Goal Setting Guide for Tots and Tweens*

- *Problem Solving One on One: Proactive Tactics for Millennium Youths*

- *Unleashing the Lion: A Parent's, Teacher's and Counselor's Guide in Understanding the Verbal and Nonverbal Language of Children, Tweens and Teens*

- *The Joy of Living: 20 Steps to a New Beginning*

- *The Joy of Living: Manifesting a Passionate, Purposeful and Positive You*

- *Unleashing the Lion: A Guide to Helping Parent's, Teacher's and Counselor's Understand the Verbal and Nonverbal Language of Children, Tweens, and Teens*

- *I Will Be... (Inspirational Quotes from Women of Faith, in Love and Standing in their Worth)*

- *I Will Be... (Inspirational Quotes from Men of Honor, in Love and Walking in their Purpose)*

- *It's Ok for Boys to...*

- *It's Ok for Girls to...*

- *Intentions*

- *Walk Like a King: 100 Virtues of a True Gentleman*

- *Elite Girls Wear Pearls: 100 Virtues of Strong, Empowered and Balanced Women*

- *The Book of Mantras: 100 Affirmations to Reframe your Thoughts and Retrain your Brain*

- *Soul Encounters: The Collective Poetry of Terri L. McCrea (2007-2020)*

- *Walking in Love: Wedding Vows for that Special Day*

- *2003. 2004, 2nd Edition 2008, What Price Are You Willing to Pay for Love? (Author house: ISBN: 1-418-6299-3 (e-book)/ISBN: 1-4184-3315-2 (Paperback)*

Expresiones poéticas de Terri libros autoeditados

- *El poder del perdón: una guía paso a paso sobre cómo dejar ir, seguir adelante y comenzar a vivir*

- *El sueño de un maestro: una guía para establecer metas para niños pequeños y preadolescentes*

- *Resolución de problemas uno a uno: tácticas proactivas para los jóvenes del milenio*

- *Desatando al león: guía para padres, maestros y consejeros para comprender el lenguaje verbal y no verbal de niños, preadolescentes y adolescentes*

- *La alegría de vivir: 20 pasos para un nuevo comienzo*

- *La alegría de vivir: manifestar un tú apasionado, decidido y positivo*

- *Desatando al león: una guía para ayudar a los padres, maestros y consejeros a comprender el lenguaje verbal y no verbal de niños, preadolescentes y adolescentes*

- *Seré ... (citas inspiradoras de mujeres de fe, enamoradas y de pie en su valor)*

- *Seré ... (citas inspiradoras de hombres de honor, enamorados y caminando en su propósito)*

- *Está bien que los chicos ...*

- *Está bien que las niñas ...*

- *Intenciones*

- *Camina como un rey: 100 virtudes de un verdadero caballero*

- *Elite Girls Wear Pearls: 100 virtudes de mujeres fuertes, empoderadas y equilibradas*

- *El libro de los mantras: 100 afirmaciones para replantear sus pensamientos y volver a entrenar su cerebro*

- *Encuentros del alma: la poesía colectiva de Terri L. McCrea (2007-2020)*

- *Walking in Love: Votos matrimoniales para ese día especial*

- *2003. 2004, 2ª edición 2008, ¿Qué precio estás dispuesto a pagar por el amor? (Casa del autor: ISBN: 1-418-6299-3 (libro electrónico) / ISBN: 1-4184-3315-2 (rústica)*